MÜNSTER

Anja Gussek-Revermann

MÜNSTER
Ein verlorenes Stadtbild

Wartberg Verlag

Fotonachweis:
Alle Fotos aus dem Stadtarchiv Münster.

1. Auflage 1994
Alle Rechte vorbehalten, auch die des auszugsweisen Nachdrucks und der fotomechanischen Wiedergabe.
Druck: Werbedruck Schreckhase, Spangenberg
Buchbinderische Verarbeitung: Fleischmann, Fulda
© Wartberg Verlag Peter Wieden
34281 Gudensberg-Gleichen, Im Wiesental 1
Tel.: 05603/4451 u. 2030
ISBN 3-86134-204-9

Vorwort

Bilddokumente aus der Zeit um die Jahrhundertwende bis zum Ende der dreißiger Jahre möchten an das durch den Bombenhagel des Zweiten Weltkriegs zerstörte Stadtbild Münsters erinnern und versuchen, die damalige Atmosphäre der Stadt wieder aufleben zu lassen. Zwar versuchten die Stadtplaner nach dem Zweiten Weltkrieg, das Bild der alten Stadt wiedererstehen zu lassen, viele Baudenkmäler oder Gassen verschwanden jedoch für immer.

Das „alte Münster" umfaßte jahrhundertelang den von der Stadtmauer und später vom Promenadengürtel eingefaßten Altstadtbereich mit dem Dom - der Keimzelle der Stadt -, den zahlreichen Kirchen, Adelshöfen, Bürgerhäusern, Markt- und Handelsstraßen wie dem Prinzipalmarkt oder der Salzstraße. Eingemeindungen und Bevölkerungszuwanderungen bedingten die Ausdehnung der Stadt über diesen Bereich hinaus.

Das Buch spiegelt eine Zeitspanne wider, in der Münster begann, sich vor allem durch den weiteren Ausbau von Verwaltungsfunktionen für die gesamte Provinz Westfalen, aber auch durch Veränderungen in den Bereichen Wirtschaft und Verkehr sowie die Erweiterung der Universität allmählich zu einer modernen Großstadt zu entwickeln. Dies dokumentieren auch die Einwohnerzahlen, die rasch von etwa 50.000 im Jahre 1890 auf ungefähr 140.000 Einwohner im Jahre 1939 anstiegen. Verwaltung und Politik bestimmten Oberbürgermeister wie Max Jungeblodt, Franz Dieckmann, Georg Sperlich und Karl Zuhorn, der schließlich vom nationalsozialistischen Bürgermeister Albert Hillebrand abgelöst wurde.

In ihren jeweiligen Amtszeiten galt es, Modernisierungsansätze wie den Ausbau des Verkehrswesens, den Bau des Dortmund-Ems-Kanals, des Hafens, der Halle Münsterland oder des Aasees zu verfolgen, aber auch Krisenzeiten wie den Ersten Weltkrieg und die anschließenden revolutionären Unruhen sowie wirtschaftliche Notperioden mit hoher Arbeitslosigkeit oder die Inflationszeit zu bewältigen.

Marktszenen, Warteschlangen vor Geschäften in der Kriegszeit, Treffpunkte der Münsteranerinnen und Münsteraner an freien Sonntagen sowie Prozessionen, Feste und Feiern wie das Lambertusspiel oder der Karneval zeugen vom alltäglichen Leben in der Stadt.

Der Blick aus einem Gebäude am Ludgeriplatz ermöglicht eine Rundschau über Münster um 1900. Die Türme der Liebfrauenkirche, des Doms, der Ludgeri-, Lamberti- und der Dominikanerkirche in der Salzstraße überragen die Häuser in der Altstadt. Die Innenstadt wird umrahmt durch die Promenade, die durch den hier am Ludgeritor erkennbaren dichten Baumbestand berühmt ist. Diese Grünzone entstand nach der Niederlegung der alten Stadtmauer, als auf dem äußeren Wall mehrere Reihen von Linden und Ulmen angepflanzt wurden. Ein Rundgang auf der Promenade führt zu weiteren Relikten der Stadtbefestigung.

In den Promenadenanlagen am Servatiiplatz, der jeweils mit der einmündenden Salzstraße abgebildet ist, fiel ein Kaskadenbrunnen auf, der dort schon vor 1900 stand *(Foto links)*. Ein Teil des Grundstücks hinter der hier noch vorhandenen Mauer wurde um die Jahrhundertwende mit dem repräsentativen „Hotel Monopol" bebaut *(Foto oben)*. Das schlichte Haus in der Bildmitte gehörte dem Reichsfreiherrn von Bönninghausen.
Die Straßenbahnen zeugen davon, daß der Servatiiplatz schon damals ein Verkehrsknotenpunkt war.

Foto oben: Die Bedienung der Milchhalle am Servatiiplatz erwartet ihre Kundschaft.

Foto rechts: Verschiedene Stadttore unterbrachen die alte Stadtbefestigung. Straßennamen oder auch Baudenkmäler wie die beiden Torhäuser am Mauritztor erinnerten daran. Fußgänger mußten bis weit ins 19. Jahrhundert zusätzlich noch eine vorgesetzte, enge Durchgangszone passieren, um über die Mauritzstraße in die Stadt zu gelangen.

Foto links: Zwischen den Bäumen am Mauritztor erscheint die Vorderfront des zwischen 1898 und 1901 errichteten Landeshauses, dem Sitz der Verwaltung und des Landtages der Provinz Westfalen.

Foto rechts: Das um die Jahrhundertwende bezogene Staatsarchiv am Bohlweg erhebt sich über die gartenarchitektonisch reizvolle Ausgestaltung der Promenade mit Blumenbeeten und Staudenhecken am Hörstertor.

Foto links: Der zwischen Hörster- und Neubrückentor gelegene, im ersten Drittel des 16. Jahrhunderts als Teil der Befestigungsanlagen errichtete Zwinger wechselte seine Funktion im Laufe der Zeit mehrmals. Er wurde unter anderem als Gefängnis und als Notwohnstätte genutzt.

Foto oben: Fußgänger auf der Promenade gehen am mit der Kriegsbeute des Ersten Weltkriegs gefüllten Bocksplatz vorbei. Der Buddenturm, Rest der Stadtbefestigung aus der Zeit um 1200, fungierte zu dieser Zeit als Wasserturm.

Südlich der Lambertikirche erstreckt sich die Straße, die wegen ihrer prächtig ausgestalteten Giebel und Bogengänge auch gern als „Gute Stube" Münsters bezeichnet wird - der Prinzipalmarkt. Seine Entstehung geht zurück in das frühe Mittelalter, als sich hier in Anlehnung an die Domburg ein Markt entwickelte.

Foto ganz links: Nachdem um 1880 deutlich wurde, daß das Fundament des Lambertikirchturms zu schwach war, kam es zu ersten Überlegungen, den alten Turm abzutragen. In der Zeit des Kulturkampfes entwickelten sich die Umstände des Abrisses und Neubaus zum Politikum. Die Neubauarbeiten fanden erst 1898 mit dem Aufsetzen der Kreuzblume ihren Abschluß.

Foto links: Prinzipalmarkt mit Lambertikirche kurz nach der Fertigstellung des neuen Turms.

Foto links oben: Von der Ludgeristraße schaut man auf die Häuser Nr. 24 bis 27 am südlichen Abschnitt des Prinzipalmarktes.

Foto links unten: Der münsterische Karneval zog auch im Jahr 1912 eine große Menschenmenge an.

Foto links: Der Michaelisplatz, früher Michaelistor, stellt die Verbindung zwischen Domplatz und Prinzipalmarkt dar, links: Vormann's Haus, Prinzipalmarkt 27.

Foto oben: Die Häuser Nr. 30/31 bis 40 auf der Westseite des Prinzipalmarktes, die nach dem Zweiten Weltkrieg mit reduzierter Giebelausstattung wieder aufgebaut wurden.

Foto links: Am 14. Juli 1901 hatte die münsterische Straßenbahn ihren Dienst aufgenommen. In den zwanziger Jahren begann ein weiterer Ausbau des Streckennetzes, was Bauarbeiten auf dem Prinzipalmarkt mit einer Abzweigung in die Salzstraße nach sich zog.

Foto oben: Blick in die Bogengänge vor dem Rathaus.

Foto links: Neben dem 1615/16 errichteten Stadtweinhaus steht das Rathaus mit seinem einzigartigen gotischen Giebel.

Foto oben: Auf der Ostseite des Prinzipalmarkts befand sich u.a. im Haus Nr. 3 zeitweise die Münsterische Bank, im Haus Nr. 5 das Hotel „Zum König von England".

Foto rechts: Bevor der Verkehr eine Verlegung des Marktes auf den Domplatz notwendig machte, erstanden die Münsteranerinnen die Waren des täglichen Bedarfs an den Marktständen vor dem Stadtweinhaus und dem Rathaus.

Foto links: Am Lambertikirchplatz an der Südseite der Lambertikirche läßt eine Baulücke den Blick frei auf das am Alten Steinweg gelegene Krameramtshaus, ehemals Versammlungs- und Festhaus der Kramergilde.

Foto oben: Die Kinder haben sich für die im September stattfindende Lambertusfeier verkleidet.

Foto rechts: Nach einem Entwurf des Bildhauers Heinrich Bäumer entstand der Lambertusbrunnen, der 1909 enthüllt wurde.

Foto links: Hinter den Pferdefuhrwerken erheben sich die am Roggenmarkt und Drubbel gelegenen Giebelhäuser. Das Haus Nr. 14 (Bildmitte) mit seinem besonders kunstvoll gestalteten Giebel beherbergte u.a. verschiedene Gaststätten.

Foto rechts: Der Zug der „Großen Prozession" des Jahres 1932 bewegt sich in Richtung Lambertikirche. Diese traditionsreiche, mehrere Jahrhunderte alte Bitt- und Bußprozession ist bis heute Zeugnis der katholischen Prägung Münsters. Eine Pestepidemie und ein großer Brand im 14. Jahrhundert gelten als Anlaß für ihre Einrichtung.

Foto links: Zu Beginn des 20. Jahrhunderts erwiesen sich die winzigen Häuser des „alten Drubbel" als verkehrstechnisches Problem. Die Stadt ergriff die Initiative, kaufte das Areal auf und 1907 begann schließlich der Abriß der Gebäude.
Foto oben: Marktstände am Drubbel.

Foto ganz links: Ein Teil dieser Häuser Nr. 9 bis 14 am Roggenmarkt brannte im Jahr 1904 ab.

Foto links: Am Ausleger des Café Middendorf in der Bogenstraße blickt man vorbei in Richtung Spiekerhof.

Foto oben: Kinder spielen am 1896 aufgestellten, von A. Schmiemann entworfenen Kiepenkerldenkmal.

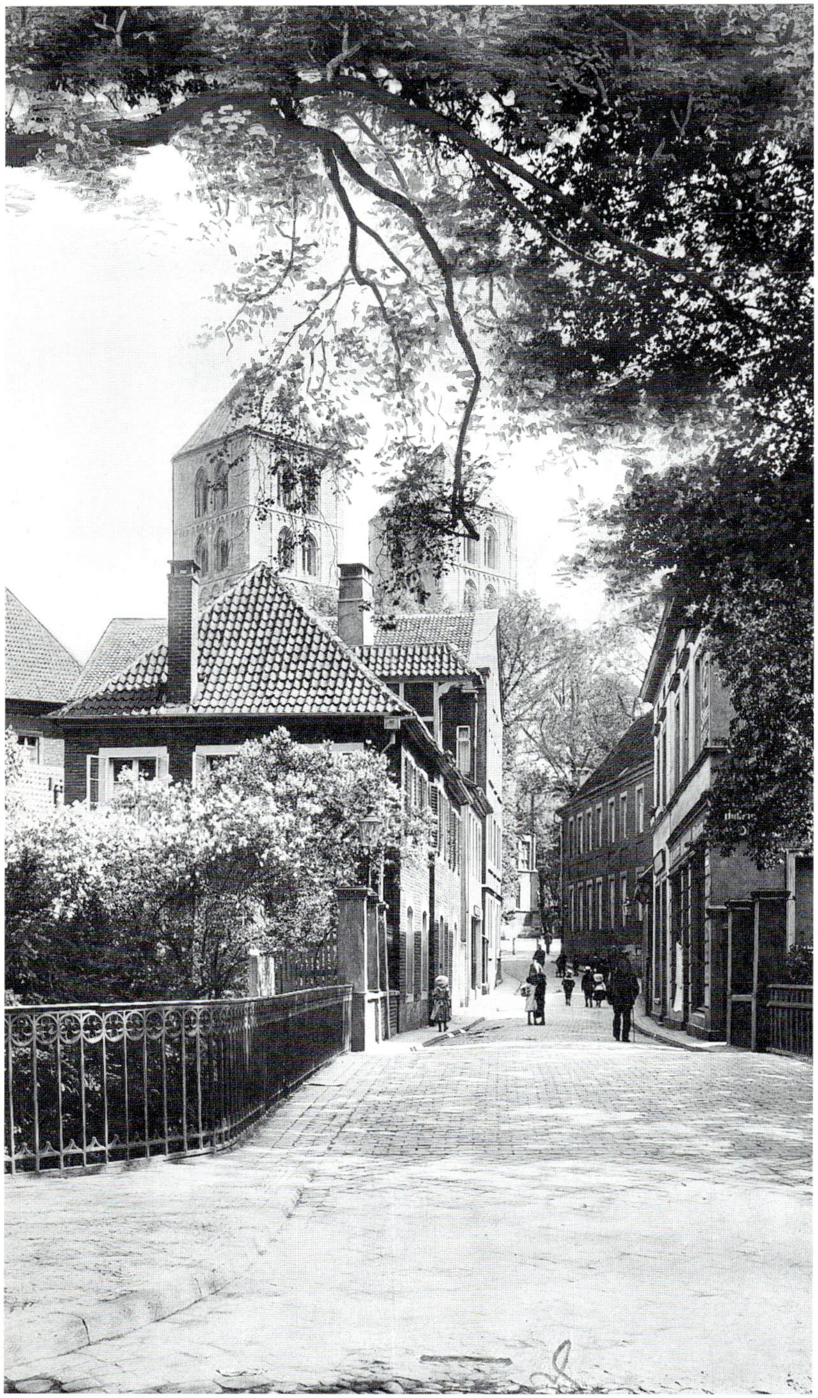

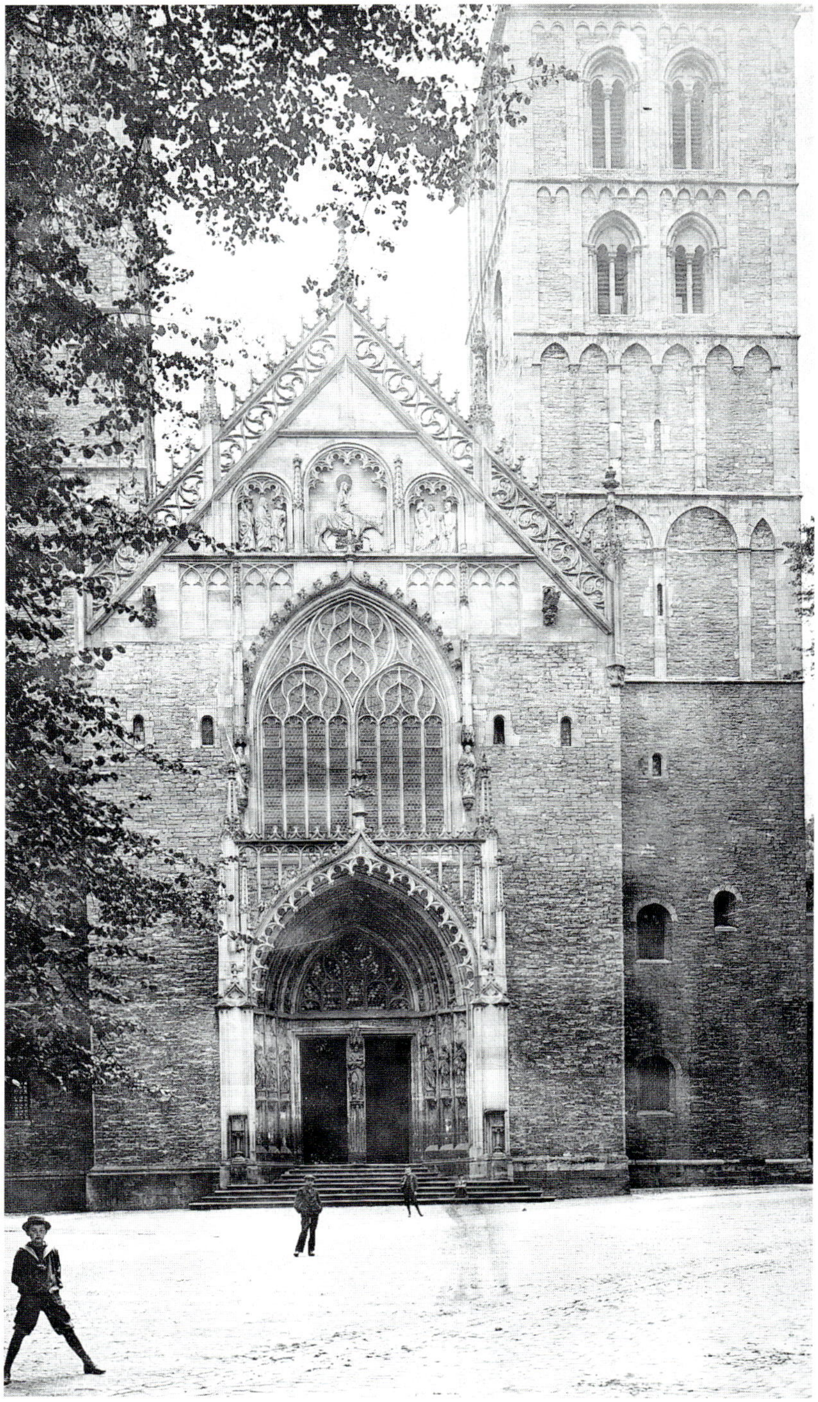

Foto ganz links: Über die Aabrücke und den ansteigenden Spiegelturm erreicht man den höher gelegenen Domplatz. Hier treffen zwei Gründungselemente der Stadt zusammen: die Lage an der Aafurt und gleichzeitig an einer Anhöhe, auf der schließlich die erste Bischofskirche errichtet wurde.

Foto links: Vor dem Zweiten Weltkrieg befand sich an der Westfront des Doms dieses spätgotische Portal.

Foto oben: Bis in die dreißiger Jahre wies der Domplatz vor der Südseite des Doms einen großen Baumbestand auf.

Foto oben: Ein sonntägliches Platzkonzert sorgte für die große Menschenansammlung auf dem Domplatz. In der Bildmitte erkennt man das Fürstenberg-Denkmal.

Foto rechts: Die Studenten trafen sich vor dem alten Universitätsgebäude am Domplatz. Die Hochschule, bereits 1780 durch den Freiherrn von Fürstenberg gegründet und in der Preußenzeit zur Akademie zurückgestuft, wurde 1902 wieder zur Universität erhoben.

35

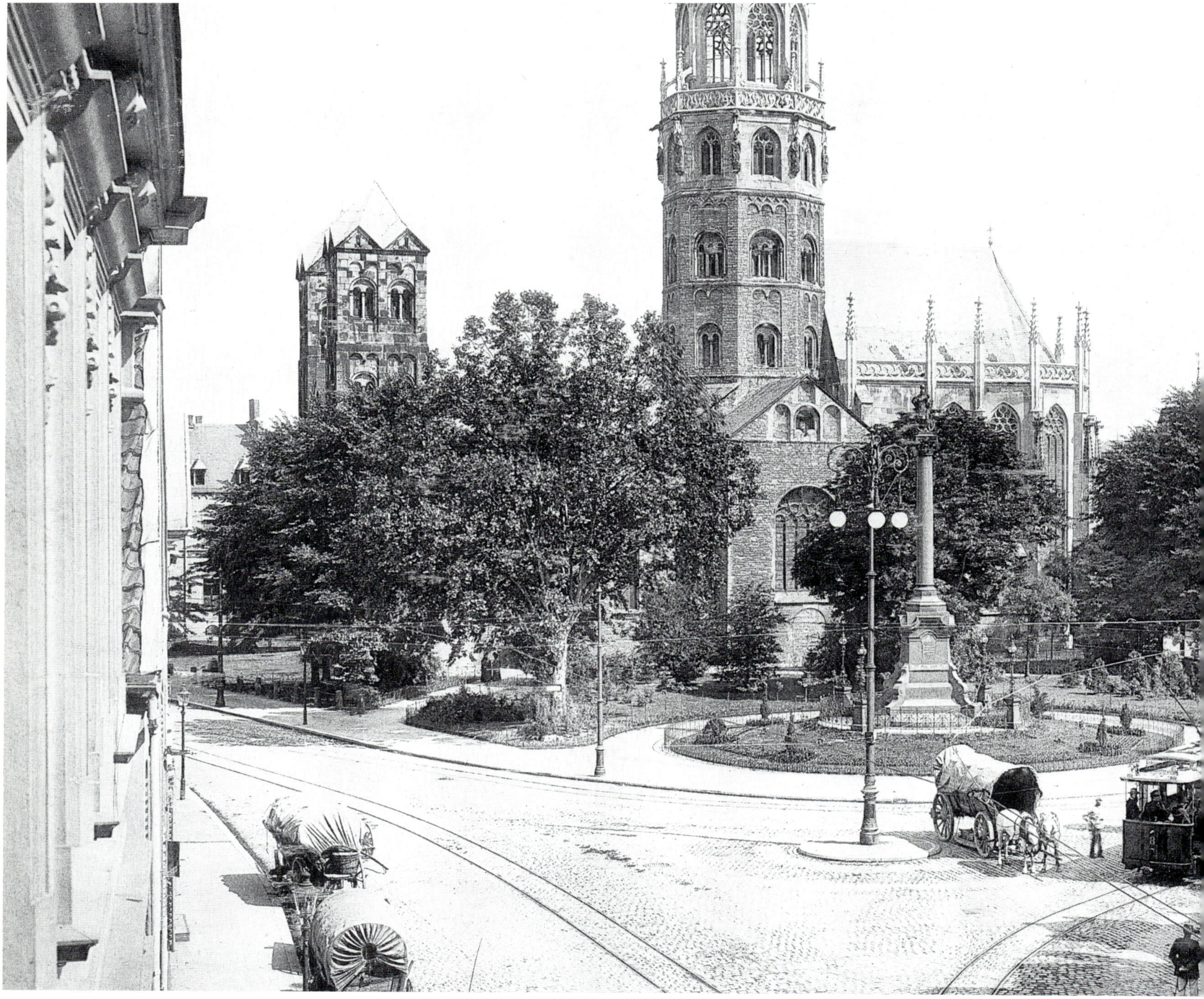

Foto links: An der Abzweigung der Königs- und der Ludgeristraße begegnen sich um 1900 unterhalb der Ludgerikirche alte und „moderne" Verkehrsmittel. Das Aussehen der Ludgerikirche hatte sich noch 1875 durch den Neubau der beiden Westtürme stark verändert. An der Stelle der Mariensäule befand sich bis zum Ende des 19. Jahrhunderts die alte Dechanei.

Foto oben: Die Ludgeristraße im Jahre 1912; mit dem Neubau der Stadtsparkasse 1930/31 verschwanden die Häuser Nr. 93 bis 109.

An „Koene's Ecke", Prinzipalmarkt 19, treffen Ludgeristraße, Prinzipalmarkt und Rothenburg zusammen.

Vor dem Geschäft des Metzgermeisters H. Höping in der Ludgeristraße bildeten sich in den Notzeiten des Ersten Weltkriegs lange Warteschlangen. Die Münsteraner sprachen scherzhaft von „Polonäsen".

Foto links: Die Straßenbahn fuhr auch durch die enge Rothenburg, links liegt das Haus Nr. 44, einziges Bogenhaus an dieser Straße.

Foto oben: Zwischen 1828 und 1831 entstand die Aegidiikaserne, die dem 13. Infanterie-Regiment Unterkunft bot.

Foto rechts: An der Königsstraße befanden sich zahlreiche Adelshöfe wie etwa der hinter dem hohen Eisenzaun liegende Beverförder Hof oder der Heeremansche Hof (vorne rechts). Hinter der auffällig gestalteten Fassade dieses Adelshofes verbirgt sich ein Steinwerk aus dem Jahre 1549.

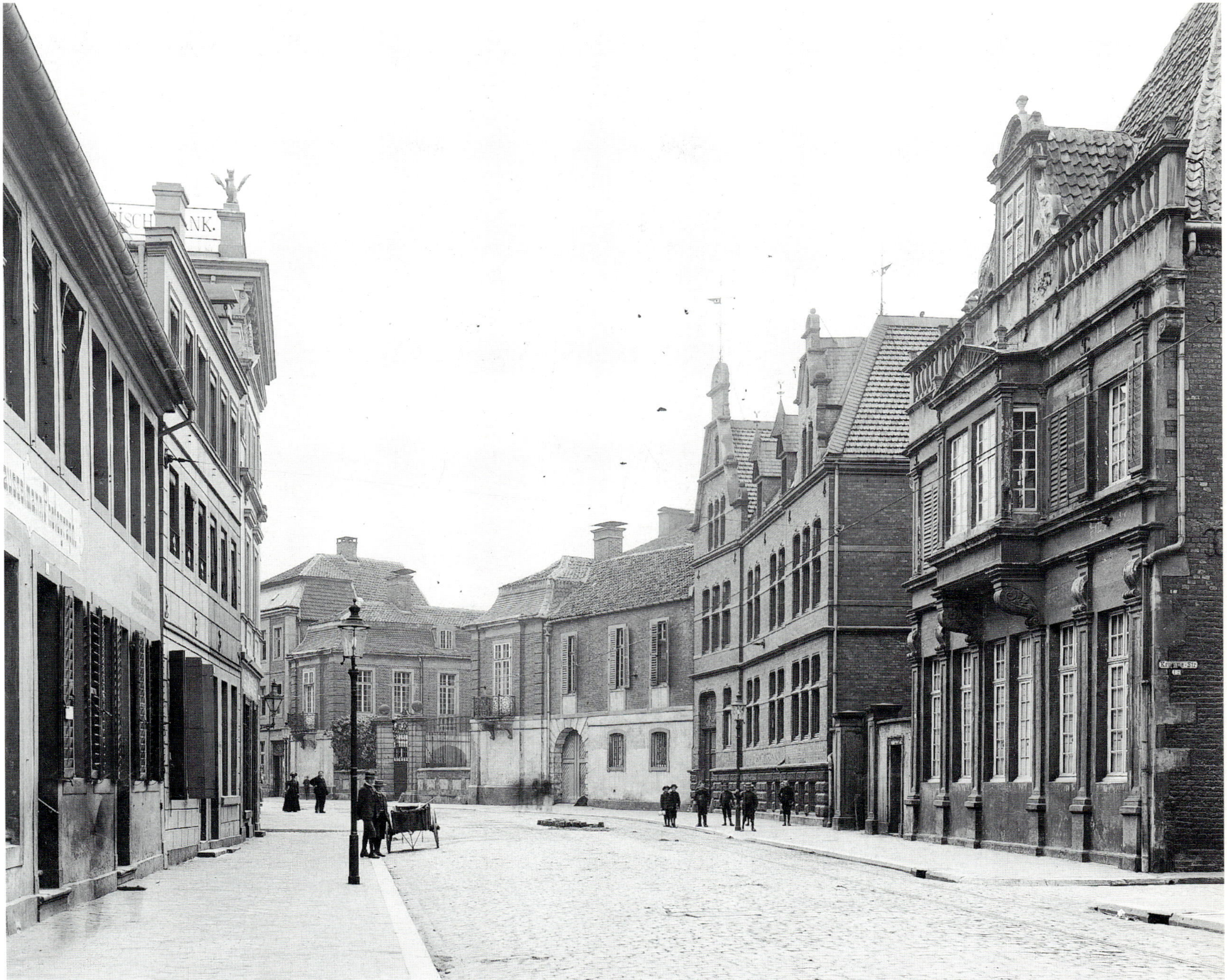

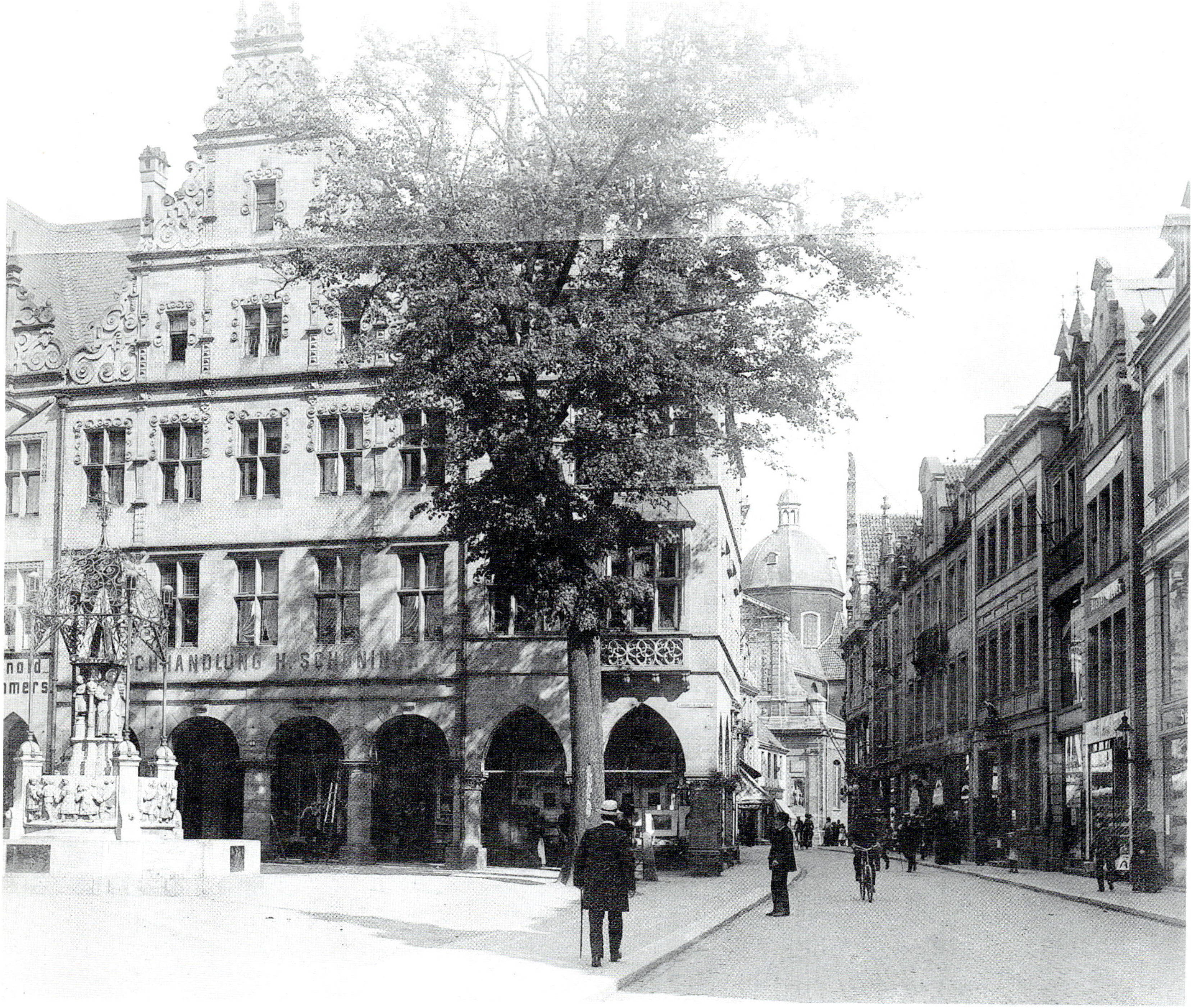
CHHANDLUNG H. SCHÖNIN
nold
mmers

Foto links: Zu den ältesten Straßen der Stadt gehört die Salzstraße, deren Name an den Salzhandel erinnert.

Foto oben: Johann Conrad Schlaun plante und errichtete zwischen 1753 und 1757 den Erbdrostenhof, sicher der prachtvollste Adelshof der Stadt.

Foto links: Die Clemenskirche, Hauskirche sowie bautechnisch Eck- und Mittelpunkt des ehemaligen Clemenshospitals, wurde ebenfalls nach den Plänen Johann Conrad Schlauns von 1745 bis 1753 erbaut. Die engen Straßenverhältnisse stellten besondere architektonische Ansprüche.

Foto rechts: Am Syndikatplatz befand sich der alte Ratsstall, Münsters erster Fuhrpark, der um 1900 durch Abriß aus dem Stadtbild verschwand.

45

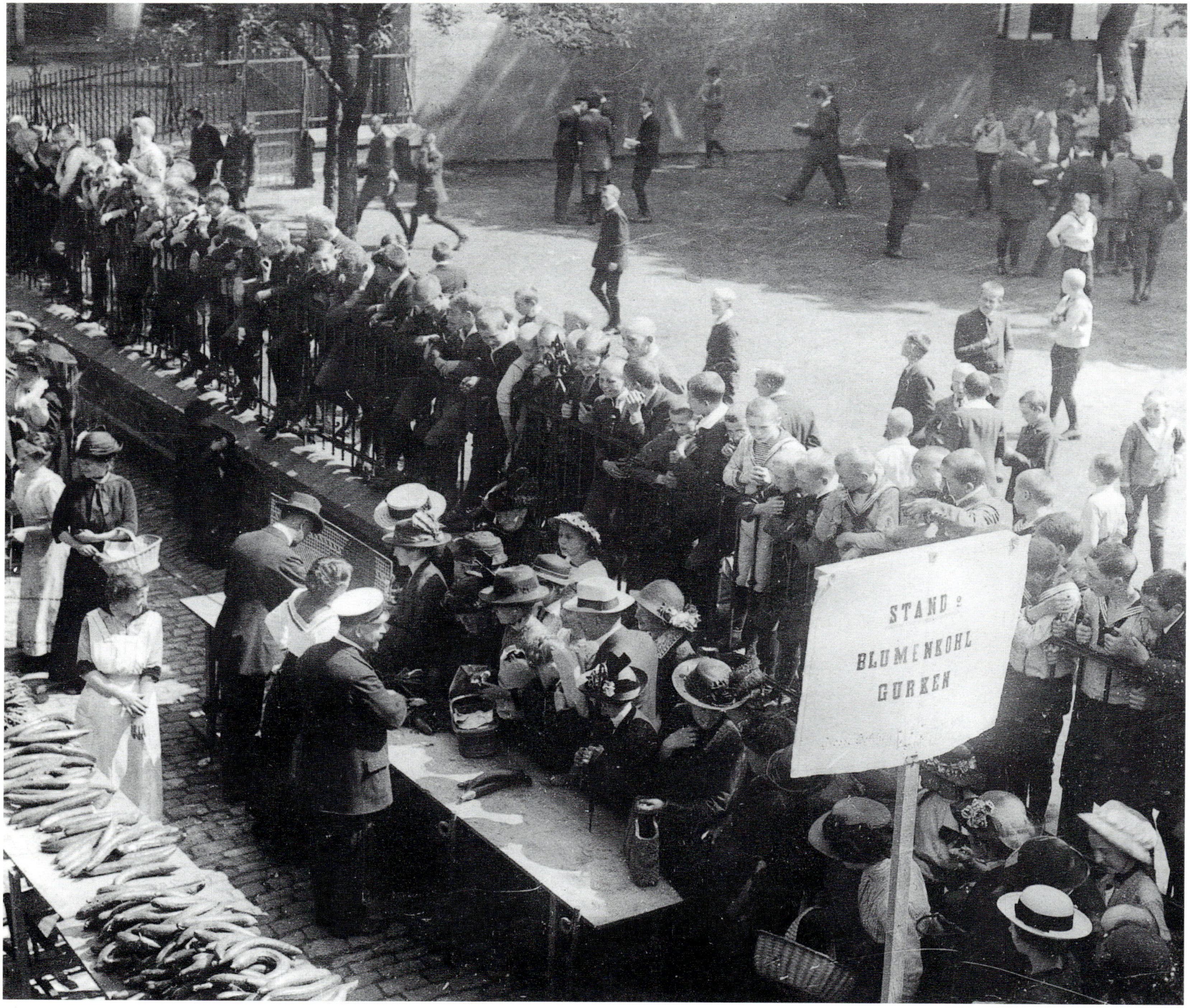
STAND
BLUMENKOHL
GURKEN

Foto links: Neugierige Schüler des am Syndikatplatz gelegenen Städtischen Realgymnasiums blicken auf den ab 1915 durch die Stadt organisierten Gemüseverkauf. Wegen der kriegsbedingten Nahrungsmittelverknappung und -verteuerung ließ die Stadt z.B. auf den Rieselfeldern Gartenbau betreiben. Die Erträge wurden zu annehmbaren Preisen an städtischen Verkaufsstellen an notleidende Familien veräußert.

Foto rechts: Am Alten Fischmarkt Nr. 27 befand sich das Schohaus, Versammlungsort der Gesamtgilde der Stadt. Im Nebenhaus war zeitweise die Branntwein-Handlung Anton Meckmann untergebracht. Das rechte Baudenkmal gehörte zum Alten Steinweg.

Foto oben links: Der bereits im frühen Mittelalter bekannte Alte Steinweg führt am Krameramtshaus (rechts) vorbei in Richtung Lambertikirche.

Foto oben rechts: Das Haus am Bült 13 wurde um 1911 abgerissen.

Foto rechts: Der umgebaute Romberger Hof und einige Nachbargebäude in der Neubrückenstraße beherbergten ab 1895 das „Lortzing-Theater".

49

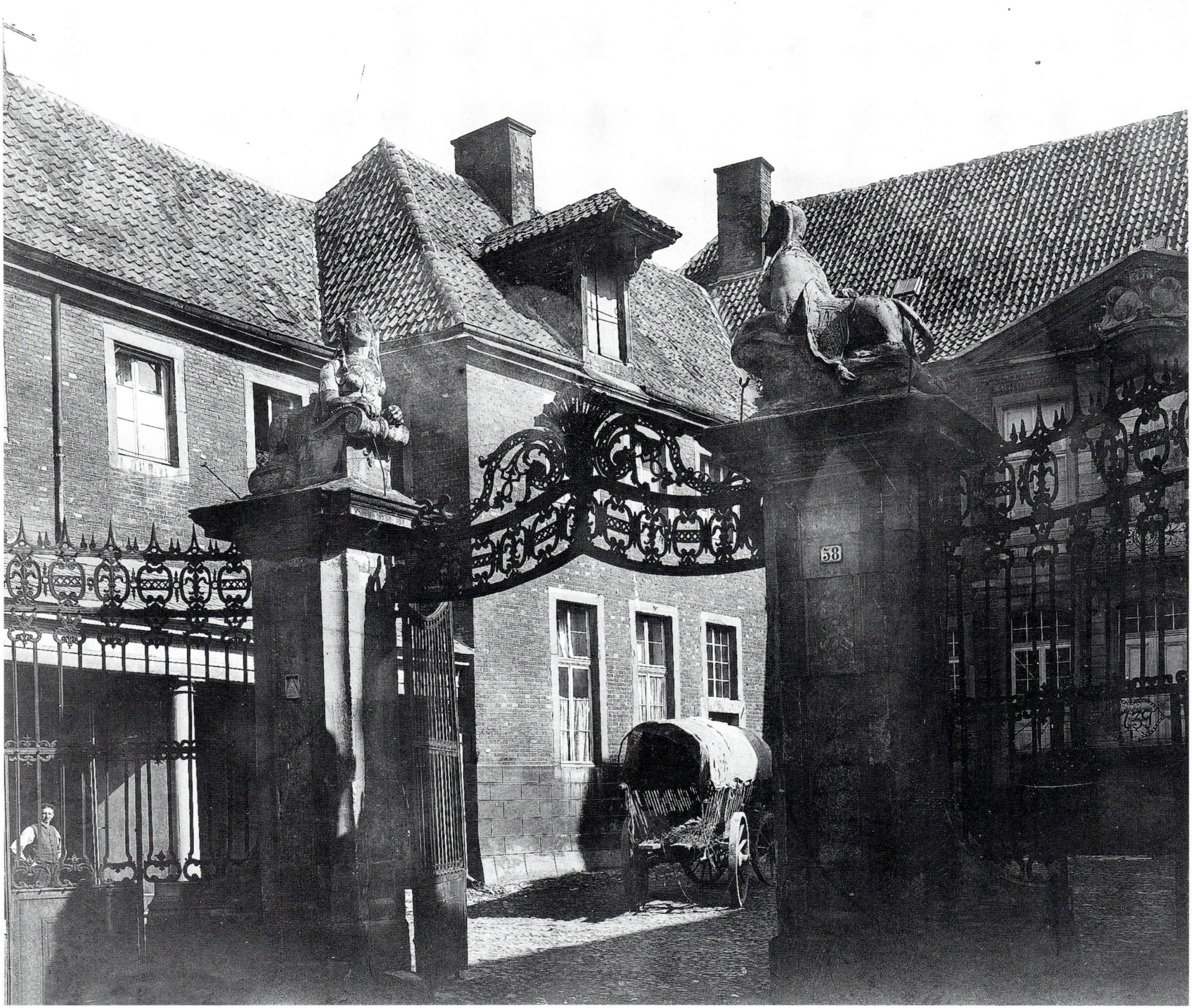
58

Foto links: In der Neubrückenstraße 58 befand sich der Große Schmisinger Hof, der mehrfach, unter anderem durch G. L. Pictorius, aus- und umgebaut wurde und am Ende der zwanziger Jahre in den Besitz des Civilclubs überging.

Foto rechts: Ein kulturelles Zentrum stellte die im Oktober 1920 eröffnete, hinter dem Romberger Hof gelegene Stadthalle dar. Sie bot mehr als 1200 Personen Platz, die hier vor allem an Musikaufführungen, aber auch an politischen Versammlungen oder Bällen teilnahmen.

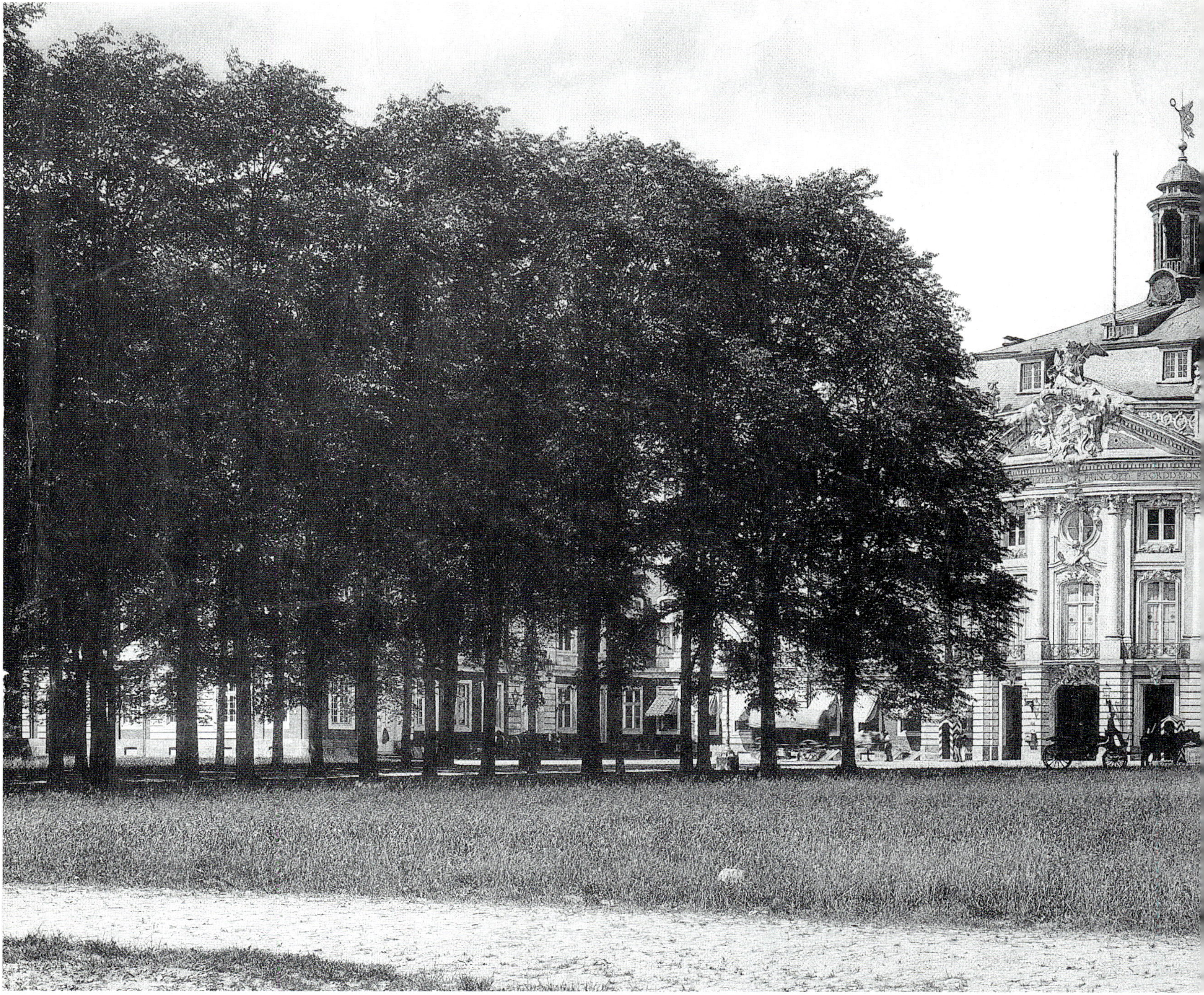

Zu den herausragenden Baudenkmälern der Stadt gehört das fürstbischöfliche Residenzschloß, daß ebenfalls nach Entwürfen von Johann Conrad Schlaun ab 1767 errichtet und nach Schlauns Tod von seinem Amtsnachfolger Wilhelm Ferdinand Lipper vor allem in der Innenausstattung fortgeführt wurde. Die gesamten Pläne für alle Gebäude und den Garten wurden nie ganz ausgeführt.

Zu Wohnzwecken nutzte man das Schloß verstärkt erst ab der Preußenzeit. Es beherbergte den Kommandierenden General und den Oberpräsidenten der Provinz Westfalen.

Foto oben: Vor dem Schloß stehend blickte man durch prächtige Ulmenreihen in Richtung Frauenstraße und Lambertikirche. Viele dieser auch an der Promenade angepflanzten Bäume fielen 1926/27 einem rätselhaften Ulmensterben zum Opfer.

Foto rechts: Die Stadt war festlich geschmückt und beleuchtet, als Kaiser Wilhelm II. ihr vom 29. August bis zum 1. September 1907 einen Besuch abstattete. Der Kaiser ritt mit seinem Gefolge durch den prächtigen Ehrenbogen in der Bahnhofstraße in Richtung Prinzipalmarkt. Eine große Menschenmenge, unter ihr die weißgekleideten Ehrendamen, empfing ihn begeistert.

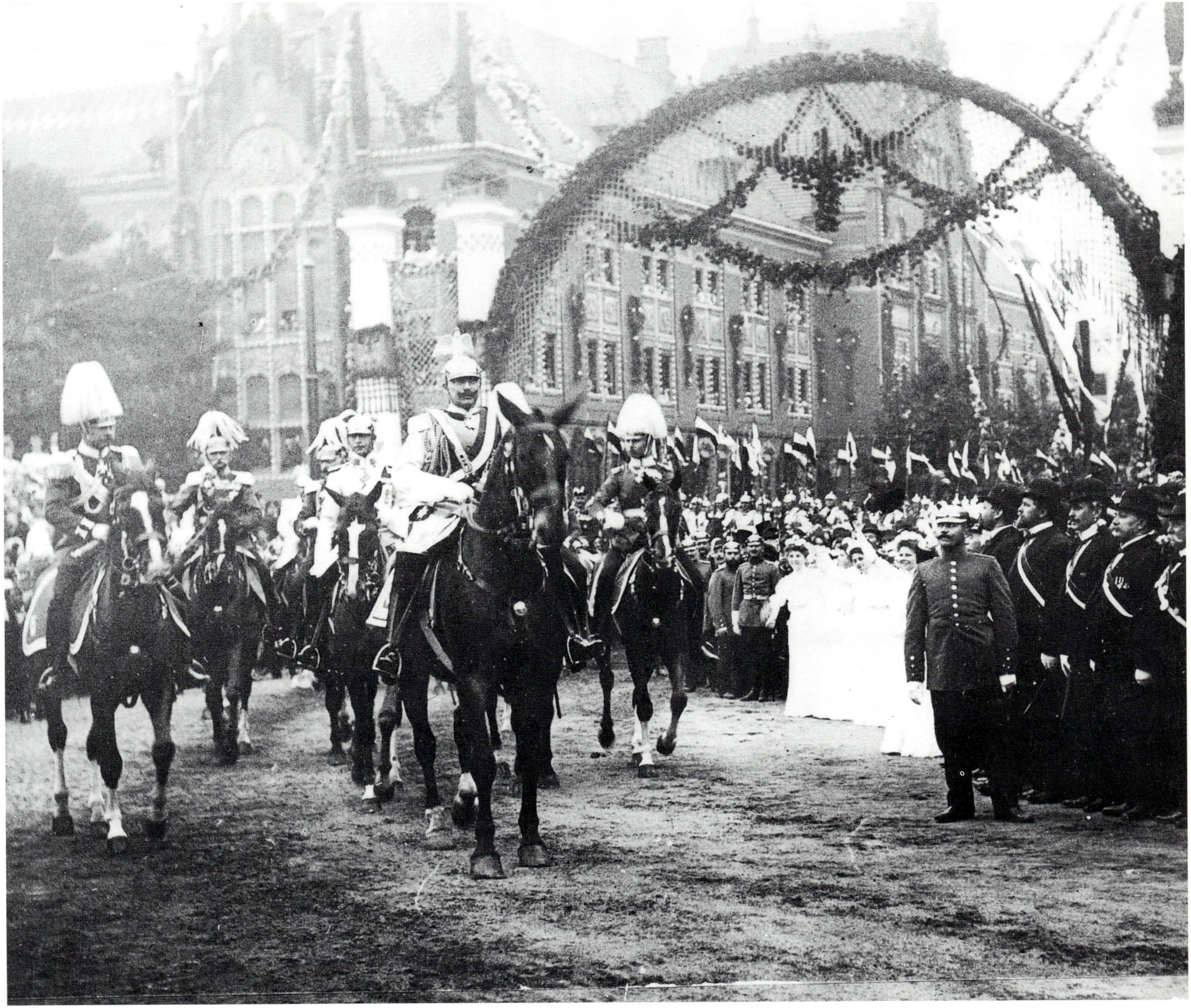

Der im Südwesten der Stadt, nahe der Promenade gelegene alte „Zoologische Garten", von Professor Dr. Hermann Landois 1874 gegründet und am 26. Juni 1875 feierlich eröffnet, wuchs aus bescheidenen Anfängen schnell zu einer der attraktivsten Sehenswürdigkeiten der Stadt und zu einem Anziehungspunkt für die ganze Provinz heran. Zum Aufbau und zur Förderung des Zoos trug auch die von Hermann Landois initiierte „Abendgesellschaft Zoologischer Garten" bei, die vor allem durch ihre Theateraufführungen den Bau von Gehegen und den Kauf von Tieren unterstützte.

Ein "Nachmittag im Zoo", in dessen Konzertgarten auch kulturelle Veranstaltungen stattfinden konnten, kostete in den zwanziger Jahren für Erwachsene 60 und für Kinder 30 Pfennig.

Schon kurz nach der Jahrhundertwende tauchte die Idee auf, die häufig überschwemmten Aawiesen zu einem Stausee umzubauen. Der Erste Weltkrieg verhinderte jedoch die vollständige Umsetzung der Ausbaupläne. Erst ab 1926 begannen intensive Bauarbeiten. Besondere Verdienste erwarb sich in diesem Zusammenhang der damalige Oberbürgermeister Sperlich. In mehreren Abschnitten wurde der Aasee bis zur Mitte der dreißiger Jahre fertiggestellt.

Der Bau des Aasees verhalf am Ende der zwanziger Jahre, einer Zeit mit hoher Arbeitslosigkeit, vielen Unbeschäftigten zu einer zumindest kurzfristigen Anstellung. Die Bauarbeiter haben sich hier versammelt, um den Dammdurchstich nach Fertigstellung des zweiten Bauabschnittes zu beobachten.

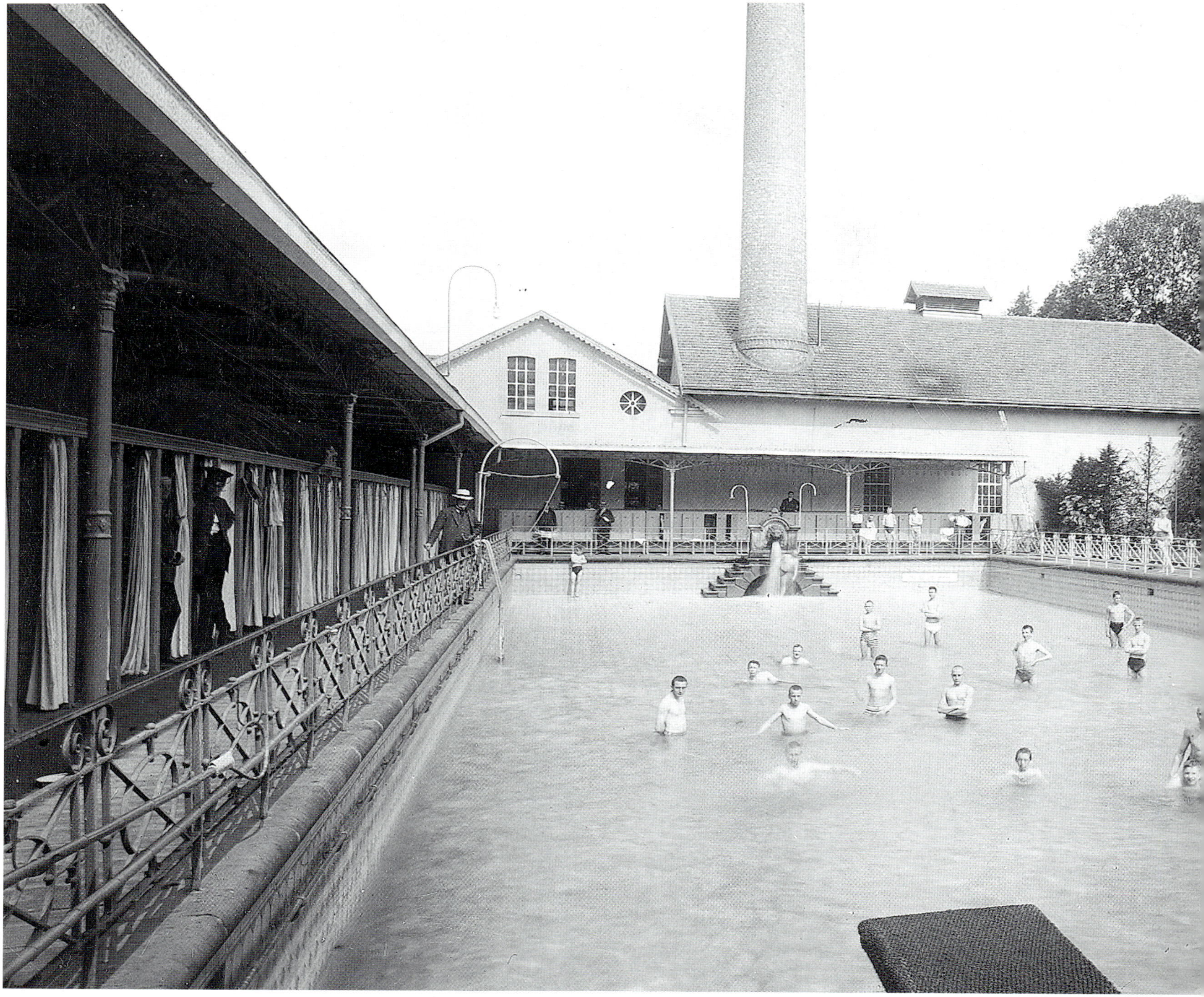

Bereits im Juni 1888 eröffnet, erhielt das Stadtbad am Zoo ein Jahr darauf noch ein großes Außenbassin.

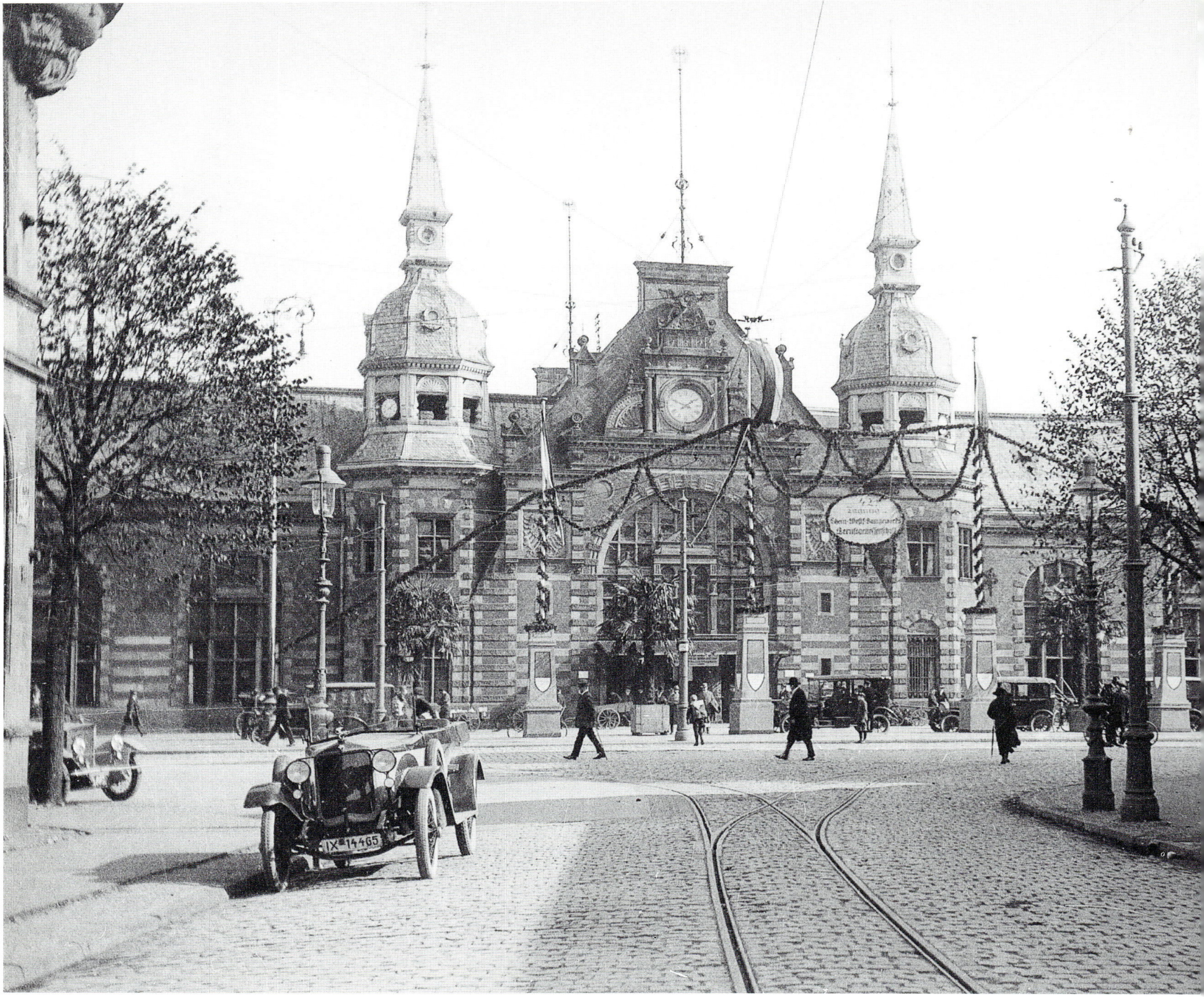
IX 14465

Ab der Mitte des vorigen Jahrhunderts bekam Münster, zunächst mit der Strecke Münster-Hamm, Anschluß an das sich entwickelnde Eisenbahn-Schienennetz. Im *Bild links* das Hauptbahnhofsgebäude aus der Zeit um die Jahrhundertwende, das bereits einige Jahrzehnte später nicht mehr den Ansprüchen des modernen Verkehrs genügte und deshalb um 1930 erneut umgebaut werden mußte *(Foto oben)*.

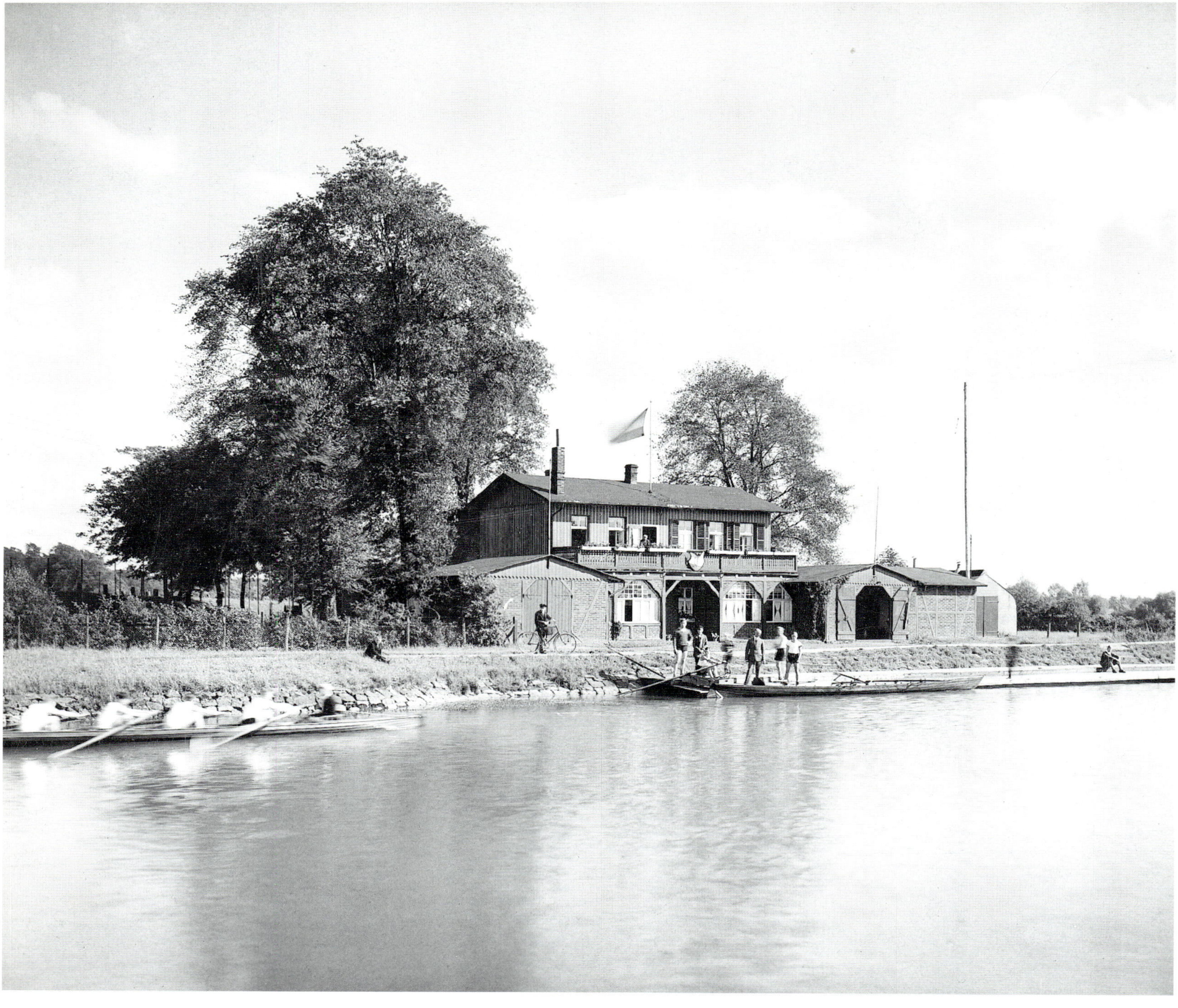

Foto links: Im Jahr 1901 erhielt der Ruderverein gegenüber dem Stadthafen ein neues Bootshaus.

Foto oben: Von 1891 bis 1898 dauerten die Arbeiten am Dortmund-Ems-Kanal, damit verbunden erfolgte der Bau der münsterischen Hafenanlagen. Der Stadthafen konnte schließlich am 15. Oktober 1899 feierlich eingeweiht werden.

Dortmund-Ems-Kanal und Stadthafen sorgten für einen Entwicklungsschub in den Bereichen Handel und Industrie. Bis 1919 blieb der Hafen für die Stadtverwaltung jedoch ein Zuschußbetrieb.

Der Hafen im Jahr 1915: Die Kriegsjahre 1914 bis 1918 wirkten sich sehr nachteilig auf die Entwicklung des Güterverkehrs aus. Auf dem Wasserwege erreichten spärliche Transporte von Lebensmitteln die Stadt. Direkt von den Schiffen wurden unter der Aufsicht der Polizei Kartoffeln an die Bevölkerung verkauft. Schon Ende 1914 waren Engpässe in der Kartoffelversorgung eingetreten. Ab 1916 gab die Stadtverwaltung Kartoffelkarten aus, um die Verteilung zu organisieren.

Mit der Anlage des Dortmund-Ems-Kanals mußten auch verschiedene
Schleusenanlagen errichtet werden.

Foto oben: In der Mitte der zwanziger Jahre entwickelte sich der Bau der Halle Münsterland vor allem wegen der lange Zeit nicht überblickbaren Kosten zum umstrittenen Thema der Kommunalpolitik.
Ursprünglich als Viehauktionshalle geplant, bot die Halle Münsterland nach ihrer Fertigstellung 1926 mehr als 6000 Besuchern von Messen, Kongressen oder Sportveranstaltungen Platz.

Foto rechts: Im Rahmen der 8. Westfälischen Gastwirtsmesse im September 1932 fand in der Halle Münsterland ein Kochwettbewerb statt. Die Lokalpresse berichtete amüsiert von einem zusätzlichen „Junggesellen-Kochwettbewerb".

69

Innenansicht des 1902 eingeweihten Elektrizitätswerks am Albersloher Weg, das vor allem den Strom für die Straßenbahnen lieferte. 1901 faßte der Magistrat Wasserwerk, Gaswerk und Elektrizitätswerk zur Städtischen Betriebsverwaltung zusammen. Gemeinsam mit den Verkehrsbetrieben bildeten sie ab 1938 die „Stadtwerke".

71